Conoce nuestros productos en esta página, danos tu opinión y
descárgate gratis nuestro catálogo.

www.everest.es

Dirección Editorial: Raquel López Varela
Coordinación Editorial: Ana María García Alonso
Traducción: Alberto Jiménez Rioja
Revisión de los textos en inglés: Andrew Hastings
Maquetación: Cristina A. Rejas Manzanera
Diseño de cubierta: Darrell Smith
Ilustración: Fernando Noriega

© EDITORIAL EVEREST, S. A.
Carretera León-A Coruña, km 5 - LEÓN
ISBN: 978-84-441-4819-9
Depósito legal: LE. 692-2012
Printed in Spain - Impreso en España

EDITORIAL EVERGRÁFICAS, S. L.
Carretera León-A Coruña, km 5
LEÓN (España)
Atención al cliente: 902 123 400

La princesa y el guisante

The Princess and the Pea

La **princesa** y el **guisante**

The **Princess** and the **Pea**

Ilustrado por Fernando Noriega

everest

Había una vez un príncipe que quería casarse con una princesa de sangre azul. A tal fin, montó una mañana en su caballo y salió a recorrer mundo en busca de la princesa perfecta.

There was once a prince who longed to marry a princess of royal blood. So one morning he climbed onto his horse and set off to travel the world in search of the perfect princess.

Pero no halló ninguna a su gusto. Todas tenían algún defecto, y además... ¿eran verdaderamente de sangre azul?

Esta duda hacía casi imposible que pudiera elegir esposa.

6

But no one was exactly to his liking. He found something wrong with each one, and besides…, were they truly of royal blood?
This doubt made it almost impossible for him to choose a wife.

Y así, después de muchos meses viajando de país en país, de reino en reino, volvió a su palacio sintiéndose triste y decepcionado.

And so, after many months of travels from one country to another, and from one kingdom to the next, he returned to his palace feeling sad and disappointed.

Una noche de invierno, cuando
el joven príncipe casi había perdido toda
esperanza de encontrar esposa, se desató
una terrible tormenta.

One winter night, when the young prince
had nearly lost all hope of ever finding the
right bride, there was a terrible storm.

Comenzó a llover a cántaros y el cielo se iluminó con los rayos. De pronto, alguien llamó a la puerta de palacio, y el anciano rey acudió a abrir en persona.

It began to pour, thunder roared, and the sky filled with lightning. Suddenly, there was a knock at the palace door and the old king himself rose to answer it.

—¿Podría darme refugio, señor? —suplicó una bella muchacha, empapada de pies a cabeza y aterida de frío—. Me sorprendió la tormenta y estoy de paso... Soy una princesa de tierras lejanas.

"Please sir, may I stay here tonight?" begged a beautiful young girl. She was soaked from head to toe and shivering with cold. "The storm caught me by surprise and I was just passing through. I am a princess from a faraway land."

—¿Una princesa? ¡Más bien pareces una fuente! —bromeó el rey al ver a la joven con el cabello chorreando—. Pero entra, por favor, sería imperdonable dejarte fuera en una noche tan terrible como esta.

"A princess? You look more like a fountain!" joked the king as he looked at the girl with her dripping wet hair. "Please come in. I would not think of leaving you outside on a terrible night like this."

17

Cuando el rey informó de aquella inesperada visita a la reina, esta esbozó una sonrisa pícara y pensó: «pronto sabremos si es una princesa real o no...».
Y, sin contar a nadie su idea, se apresuró a ordenar que se preparase el cuarto de invitados.

When the king told the queen about the
unexpected visitor, she smiled mischievously
and thought, "We shall soon find out
whether or not she is a real princess..."
And without saying a word to anyone,
the queen swiftly ordered the guest room
to be prepared.

Cuando la doncella terminó, la reina depositó en la cama un guisante, encima del cual ordenó colocar... ¡veinte colchones y otras tantas colchas de plumas de oca!

When the chambermaid had finished, the queen placed a single pea on the bed and then she ordered twenty mattresses and twenty quilts of goose down to be placed on top of it!

—La habitación está dispuesta. Puedes subir a descansar —dijo amablemente la reina a la supuesta princesa. Así, la joven pasó la noche en aquel lecho monumental que, más que cama, parecía una montaña flotante.

"The room is ready. You may go upstairs and rest," said the queen kindly to the supposed princess. And so the young girl slept that night on a monumental pile of mattresses and quilts, which looked more like a floating mountain than a bed.

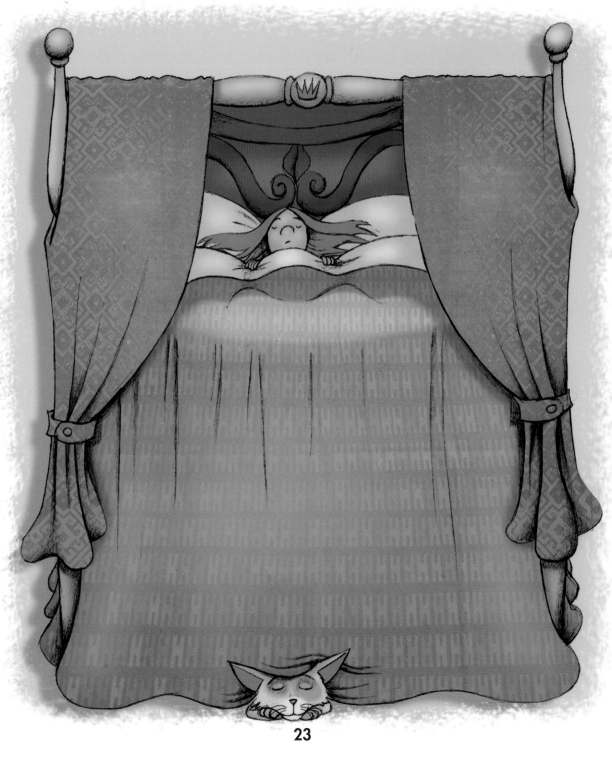

A la mañana siguiente, el rey y la reina se apresuraron a preguntarle:

—¿Qué tal has dormido, princesa?

The next morning, the king and queen anxiously asked the girl, "How did you sleep, Princess?"

25

—¡Oh, malísimamente! —respondió
ella—. ¡No he pegado ojo! Nunca dormí
en un lecho tan incómodo... Noté algo
muy duro que me ha dejado el cuerpo
dolorido. ¡Una noche horrorosa, de verdad
terrible!

"Oh, terribly!" she replied. "I didn't sleep
a wink all night! Truthfully, I have never
slept in a more uncomfortable bed. I could
feel something very hard that made
my body ache all over. A dreadful night,
truly horrible!"

—¡No puede ser! —exclamó el rey
muy ofendido—. Ningún invitado se ha
quejado jamás de nuestros colchones
de plumas...

—¡Sí que puede ser! —intervino la reina
sonriente.

"That is not possible," exclaimed the
king, visibly offended. "None of our guests
has ever complained about our fine feather
mattresses."

"But it is possible!" replied the queen
with a smile.

Y le explicó su plan al rey. Todos supieron entonces que la joven era una auténtica princesa, pues había sentido el molesto guisante a través de veinte colchones y otras tantas colchas. Solo una auténtica princesa podría tener una piel tan sensible y delicada.

And she explained her plan to the king. Thus they all discovered that the girl was a true princess, for she had been capable of feeling a hard pea through twenty mattresses and twenty quilts. Only a true princess could have such extremely sensitive and delicate skin.

El príncipe, nada más verla, quedó prendado de su hermosura. No le encontró defecto alguno: cuanto más la miraba, más bella le parecía, y cuanto más hablaba con ella, más dulces le resultaban sus palabras.

When the prince saw her, he was instantly captivated by her beauty. He could find no fault with her. The longer he gazed upon her, the more beautiful she seemed to him. The more he spoke with her, the sweeter her words sounded.

Y así, a los pocos días, se casó con ella
seguro de que por fin había encontrado
la princesa que durante tanto tiempo había
buscado.

A few days later, the prince married
her, convinced that he had finally found
the princess whom he had searched for
such a long time.

Desde aquel día, el guisante entró a formar parte de las joyas de la corona y fue colocado en una preciosa vitrina en el palacio para que todos pudieran admirarlo. Allí sigue todavía.

And from that day on, the pea became part of the crown jewels. It was placed in a beautiful glass showcase in the palace for all to see. It is still there to this day.

36